Tina Schwichtenberg

W0105594

Ravensburger® Hobbykurse

TON
glasieren und dekorieren

Otto Maier Verlag
Ravensburg

Alle in diesem Buch gezeigten Modelle sind urheberrechtlich geschützt und dürfen nur mit ausdrücklicher schriftlicher Genehmigung des Verlages gewerblich genutzt werden.

CIP-Kurztitelaufnahme der Deutschen Bibliothek

Schwichtenberg, Tina:
Ton – glasieren und dekorieren/Tina Schwichtenberg.
– Ravensburg: Maier, 1986.
(Ravensburger Hobbykurse)
ISBN 3-473-45678-0

Für meine Töchter Britta und Barby

© 1986 Otto Maier Verlag Ravensburg
Alle Rechte vorbehalten
s/w Fotos: Tina Schwichtenberg
Farbfotos: Peter Rathmann
Satz: E. Weishaupt, Meckenbeuren
Gesamtherstellung: Himmer, Augsburg
Printed in Germany

89 88 87 86   4 3 2 1

ISBN 3-473-45678-0

Inhalt

Arbeitstisch mit Geräten und Materialien

Einleitung

Ein neues Hobbybuch, das nach den vier ersten: „Töpfern mit Tina Nr. 1" (Selbstverlag), „Tiere modellieren", „Geschirr töpfern" und „Schalen, Töpfe, Krüge" (alle Otto Maier Verlag Ravensburg) einfach folgen mußte. Ich glaube, anhand der anderen Hobbybücher hast Du Augen und Hände genug geschult, um ein neues Kapitel anzugehen: die Glasuren! Auch im vorliegenden Buch wirst Du von Kapitel zu Kapitel schrittweise dazulernen, einiges ist Dir sicher bekannt, anderes vielleicht neu. Es gibt auf dem Gebiet eine Unmenge zu lernen; ich möchte Dir nur bei den ersten Schritten helfen. Darum fange ich mit ganz einfachen Methoden, Mitteln, Materialien und Formen an und steigere langsam, bis Du Deine eigene Glasur herstellen kannst.
Große Anschaffungen brauchst Du nicht zu machen, Deinen Ton- und Glasurlieferanten kennst Du inzwischen ebenso seine Materialien. Ich habe mit der Firma Welte, Hürth-Hermülheim zusammengearbeitet und sämtliche Materialien und einige Werkzeuge für dieses Buch kostenlos erhalten. Ich beziehe mich also immer auf Weltes Angebot.
Außerdem hat Frau Dora Heyen, Meierhof mir mit ihrem fachlichen Rat zur Seite gestanden. Beiden gilt mein Dank. Nun können wir am besten gleich beginnen ...

Ich wünsche Dir viel Spaß

Glas

Es fängt wirklich einfach an: mit Glas schmelzen. Das ist effektvoll und preiswert. Du kannst alte Flaschen verwenden, Gläser, farbige Reste aus der Glaserwerkstatt. Einen kleinen Nachteil hat das Glas: Du kannst es nur in planen Formen verwenden.

Für die Formherstellung rollst Du einen Tonfladen mit der Kuchenrolle auf Zeitungspapier aus (nicht zu dünn) und schneidest eine Form zurecht – rund, oval, viereckig, wie Du magst.

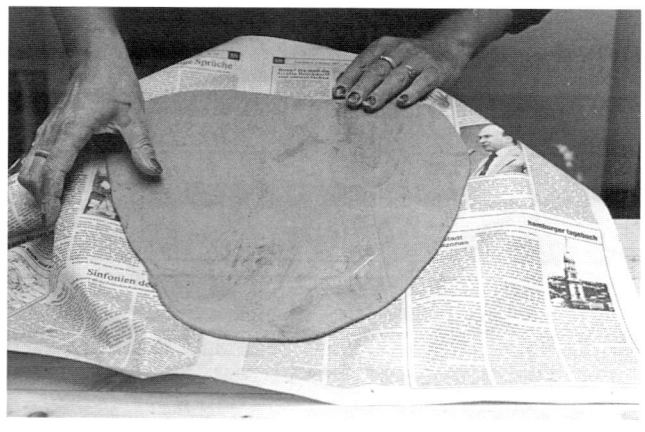

Die Mitte Deiner Form hebst Du mit der Schlinge ca. $\frac{1}{2}$ cm aus und läßt ringsherum eine Kante als Rand stehen. Du kannst auch einen Rand mit Hilfe einer Tonrolle aufschlickern! Trocknenlassen genügt, Du brauchst hier keinen Vorbrand zu machen.

Bei dunklem Ton ist die Wirkung intensiver, wenn Du die Mitte nach dem Trocknen hell ausglasierst – das Glas wirkt leuchtender. Bei hellerem Ton brauchst Du bei dieser Arbeit keine Glasur.

Alte Gläser, Flaschen und Vasen zerschlägst Du mit dem Hammer, aber nicht zu fein.
Du kannst Glas unterschiedlichster Farben wählen oder einen Versuch Ton in Ton unternehmen.
Auch farbloses Glas kann ganz interessante Wirkungen ergeben.

Die Mitte Deiner Form legst Du jetzt satt mit den Glassplittern aus und gibst sie in den Ofen. Die Brandhöhe richtet sich nach Deinem Tonscherben. Bei *roten* Glassplittern darf die Temperatur nicht zu hoch sein, es genügen 1040° C, die Farbe brennt sonst aus und wird braunschwarz.

Kachel mit einem Überzug aus geschmolzenem Glas

Kleine und große Igel mit Steinchen

Effekte mit Natur-
stoffen: Steine

Dieses Experiment ist
ebenso preiswert und
einfach wie das vor-
herige. Du brauchst dazu
nur Ton und kleine
Steine oder Sand. Ich
habe mich hier für
kleine Steine unter-
schiedlichster Form
entschieden.

Die am Strand gesam-
melten oder im Sand-
kasten ausgesiebten
Steine solltest Du
waschen und durch
Sieben nach Größe
sortieren.
Trocknen lassen.

Sortiert in Tonschälchen
gebe ich sie dann zum
Vorbrand in den Ofen.
Diesen Vorgang nennt
man Kalzinieren, das
heißt laut Keramik-
Lexikon von Gustav Weiß
(S. 164) „... Austreiben
von flüchtigen Substan-
zen durch Erhitzen."

Nun formst Du dir z. B. große und kleine Igel aus der Hohl- oder Daumenform. Die Igel rollst Du, wenn sie noch feucht sind, mit ihrem Körper in die Steinchen ein, kleine Igel in kleine Steinchen, große Igel in große Steine.

Danach klopfst Du die Steinchen vorsichtig mit einem Holzpaddel in den Igelkörper ein. Nicht zu kräftig, damit sich der Hohlkörper nicht verformt. Trocknen lassen – Vorbrand ist nicht nötig!

Es ist empfehlenswert, die Igel mit einer Transparentglasur zu überziehen. Dazu wartet man, bis die Igel getrocknet sind. Die Glasur läßt die Steinchen gut halten und zur Gelbung kommen. Sie verleiht den Igeln einen schönen, leichten Schimmer.
Meine Igel habe ich mit der Welte-Glasur KGM 36 glasiert; sie brennt bei 1040° C matt aus. Du kannst aber natürlich Deine gewohnte Transparent-Glasur verwenden.

Kachel mit Farboxiden

Färbende Oxide

Für dieses Experiment und auch für weitere in diesem Buch brauchen wir färbende Oxide. Ich habe mir bei Welte Braunstein, Kobaltkarbonat, Kupfer-, Nickel- und Eisenoxid bestellt. (Nicht einatmen!)
Weiter brauchen wir weißen oder helleren Ton, der dunkle ist hier nicht so wirkungsvoll. Ich habe mit dem hellen Welte-Aufbauton KPR 22 weiß schamottiert gearbeitet und bei 1040° C gebrannt.
Du schneidest einen Tonbatzen von der Rolle und streust z. B. Braunstein darüber.

Nun rollst Du mit der Kuchenrolle den Tonbatzen zum Fladen. Dabei drückst Du die färbenden Oxide tief in den Ton ein.

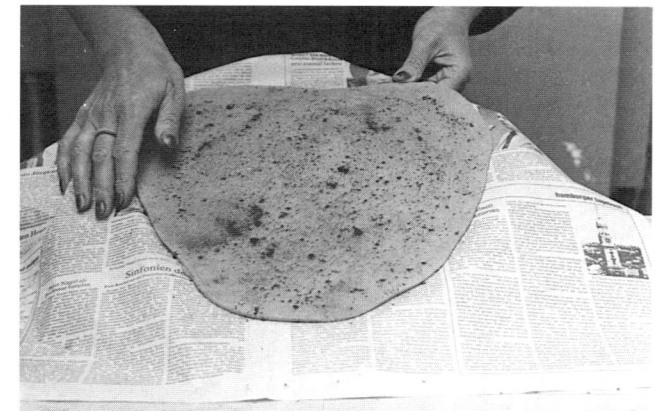

Mit dem Messer schneidest Du eine Form zurecht.
Ich habe hier eine einfache Fliesenform gewählt.
Nach dem Trocknen habe ich sie bei 1040° C gebrannt.

Ich möchte Dir noch eine andere Möglichkeit zeigen, mit färbenden Oxiden ohne Glasur Effekte zu erzielen.
Dazu gibst Du wie hier Braunstein (oder Kobalt-Karbonat usw.) in eine Schale.

Nun brauchst Du ein *vorgebranntes* Werkstück. Ich habe eine Fliese aus hellem Ton gewählt. Mit einem feuchten Schwämmchen oder Tuch reibst Du die färbenden Oxide in die Oberfläche ein.

Danach wäschst Du die Fliese kräftig ab, damit die Oxide nur noch in den Poren und Vertiefungen zurückbleiben. Weniger ist hier mehr!

Zum Schluß unter fließendem Wasser abwaschen. Trocknen lassen und dann brennen, hier bei 1040° C für den Glattbrand. Bei Dir richtet sich die Temperatur nach Deinem Material.

Schalen mit eingeriebenen Oxiden

Eine mit zwei Tonsorten marmorierte Vase

Marmorieren

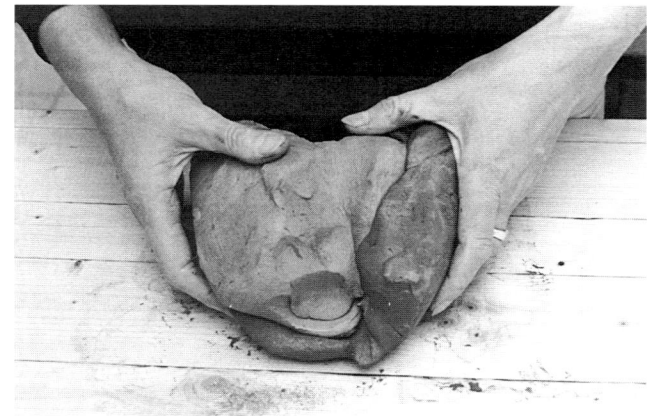

Eine andere Möglichkeit, gut ohne Glasur auszukommen und trotzdem ein interessantes Ergebnis zu erzielen, ist das Marmorieren. Dazu brauchst Du zwei oder mehr farbverschiedene Tone von gleicher Glattbrandtemperatur.

Ich habe den Welte-Aufbauton KPR 23 rot und KPR 24 schwarz genommen. Brennbereich 1150° C.
Von beiden habe ich einen Batzen abgeschnitten und sie kräftig ineinander verknetet.

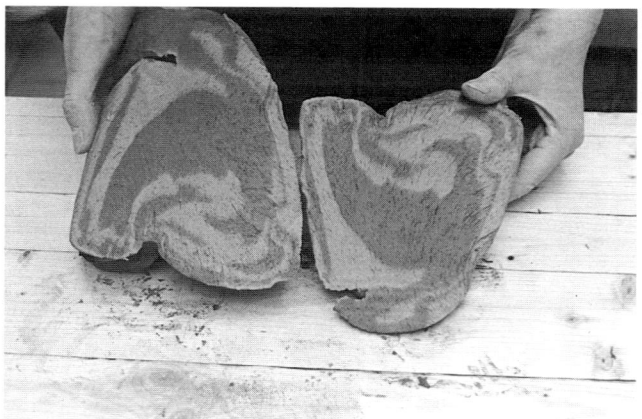

So ungefähr kann die Masse nach dem Kneten aussehen.

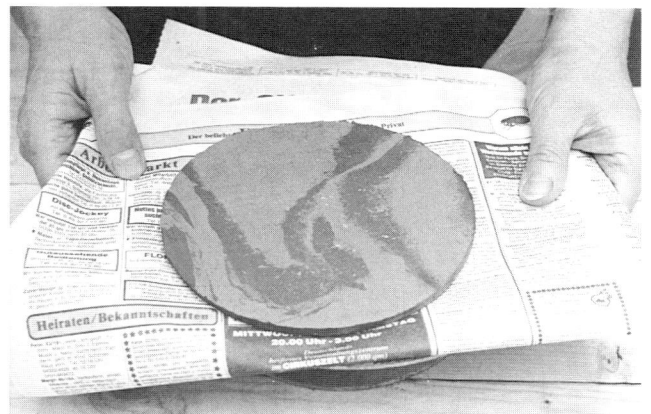

Hier siehst Du den Boden einer Schale mit drei verschiedenfarbigen Tonen marmoriert.

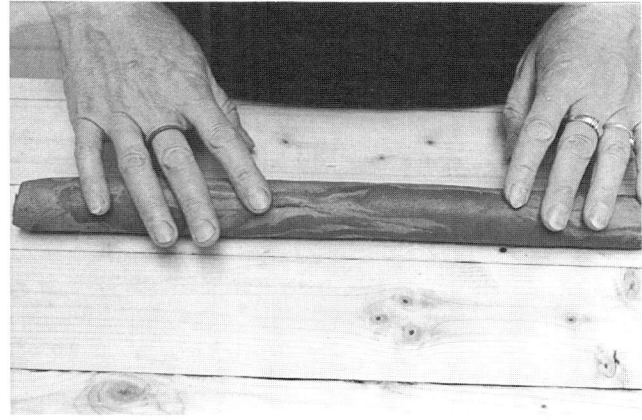

Aus dem marmorierten Tonbatzen arbeite ich eine Vase. Dazu bereite ich Tonrollen vor und arbeite wie in „Schalen. Töpfe, Krüge", oder „Töpfern mit Tina Nr. 1" beschrieben.

Die fertige Form lasse ich lederhart werden.

Im lederharten Zustand kannst Du mit einer Schlinge die Oberfläche rundherum abziehen, um dadurch die klare Zeichnung wieder hervorzuholen, die durchs Verarbeiten der einzelnen Tonrollen verlorengegangen ist. Trocknen lassen und vorbrennen!

Du kannst die vorgebrannte Vase unglasiert in den Glattbrand geben oder wie ich mit der Welte-Glasur KGM 35 farblos matt übersprühen und bei 1080° C brennen. Es liegt an Deinem Ton, welcher Weg für Deine Arbeit der richtige ist. Die Vase muß auf jeden Fall ohne Glasur dichtbrennen.

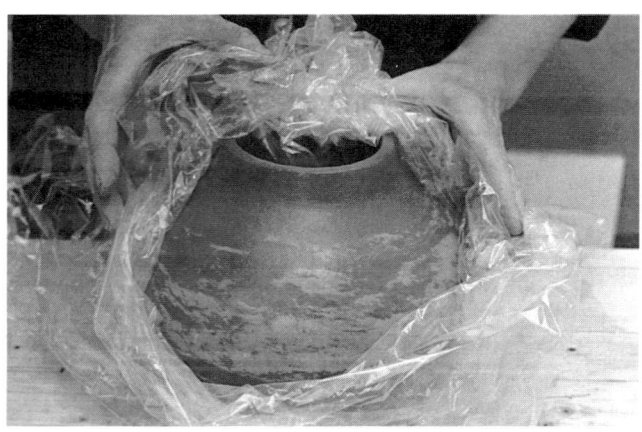

Eine weitere Möglichkeit, andersfarbige Tone miteinander zu verbinden, möchte ich noch aufzeigen.
Auf einen Tonboden habe ich verschiedenfarbige Reste eingedrückt.

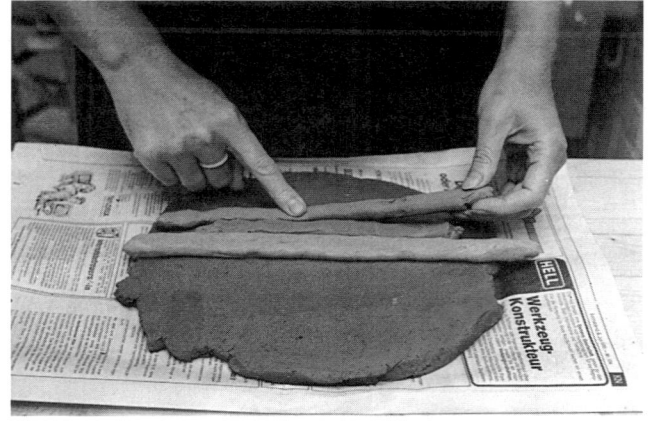

20

Über die Arbeit lege ich eine Folie und rolle dann mit der Kuchenrolle alle Tonreste kräftig ein.
Die Folie verhindert das Vermischen der Farben.

Danach ziehe ich die Folie ab und schneide den Tonfladen in Form. Ich möchte ein Gefäß machen, verzichte aber auf eine exakte Form, weil durch die unterschiedlichen Tone, Trocken- und Brennschwindungen Unregelmäßigkeiten entstehen.

So ein Röhrengebilde kann interessant sein, aber auch Schalen usw. wirken gut.
Du könntest auch hier ohne Glasur auskommen; häufig wirkt eine matte, durchscheinende Glasur jedoch abrundender. Aber es kommt, wie schon gesagt, auf Dein Material an.

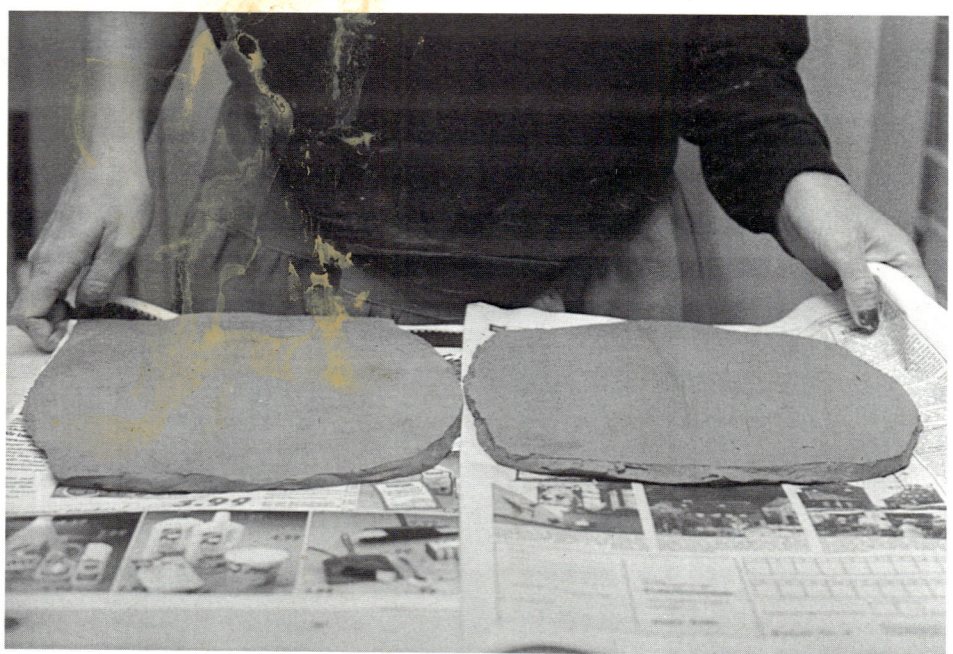

Schichtton

Zur Herstellung von Schichtton brauchst Du verschiedenfarbige Tone. Es ist ratsam, einige Tone zur Probe zu
brennen, denn die Farbigkeit verändert sich nach dem Brand.
Dann stellst Du verschiedene Farben (am besten zunächst
nur zwei) entsprechend Deinem Geschmack zusammen. Am
Anfang, wenn Du noch keine Übung hast, erzielst Du mit
starken Farbkontrasten deutlichere Ergebnisse.
Besonders wichtig ist, daß Du bei den Tonen auf gleiche
Brennhöhe und Schwindung achtest.
Du kannst natürlich nur gleiche Tone unterschiedlicher Farbe
schichten. Wähle also z. B. braunen, roten, weißen oder
auch gelben Ton mit gleichem Schamotteanteil und gleicher
Brennhöhe. Du kannst auch farbunterschiedliche Drehtone
bei gleicher Brennhöhe wählen.
Beginne zunächst mit der Herstellung eines zweifarbigen
Schichttons. Dazu schneidest Du die Tonbrote in Fladen von
$1^1/_2$ bis 2 cm Dicke; am besten benutzt Du dafür eine
Tonharfe. Du kannst aber auch zwei Holzlatten von ent-
sprechender Stärke links und rechts an Dein Tonbrot legen
und dann mit einem Draht die Tonschichten herunter-
schneiden.

Die Fladen legst Du farblich wechselnd vorsichtig aufeinander. Dabei drückst Du leicht Schicht auf Schicht.

Ich habe hier zehn Schichten zweifarbig aufeinandergelegt und lasse sie nun ein paar Stunden in Folie ruhen. Selbstverständlich kannst Du noch mehr Farben aufeinanderlegen.

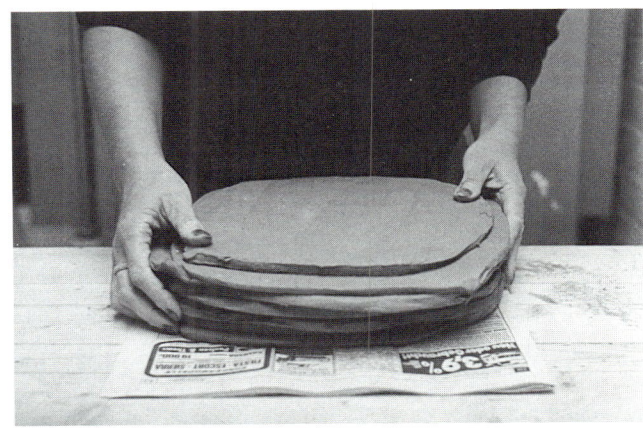

Den geschichteten Batzen setze ich senkrecht auf und schneide vorsichtig mit der Harfe oder Schlinge Streifen für Streifen herunter.

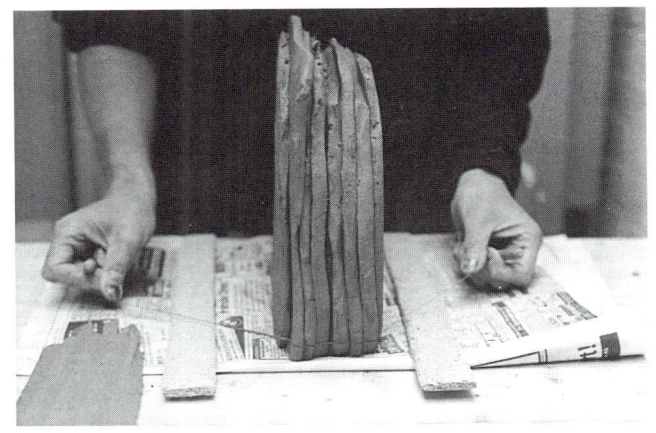

Hier siehst Du die vom Tonbatzen geschnittenen, gestreiften Fladen.

Daraus kann man z. B. Becher formen, Teller, Fliesen, Schalen usw.

Ich habe eine schlichte Schale daraus gearbeitet (auf dem Foto beim Trocknen). Danach wurde sie meinem Material gemäß bei 1040° C gebrannt.

Eine aus Schichtton gearbeitete Schale

Rauch

Eine andere Möglichkeit, dem Ton eine farbige Oberfläche zu geben, ist Rauch, der den hellen, gelben oder roten Scherben schwärzt. Dazu brauchst Du einen Blecheimer oder je nach Größe eine Blechbüchse mit vielen Löchern. Deine Keramik sollte mindestens einen Vorbrand haben, besser einen Glattbrand.

In leicht brennbarem Material eingebettet, z. B. Papier, Holzwolle, Holzspäne – das Ergebnis ist jeweils verschieden –, ruht das Werkstück in dem durchlöcherten Eimer. Wenn Du das Brenngut angezündet hast, schwenke den Eimer an einer Kette leicht hin und her, damit das Feuer nicht erstickt. Es soll auch nicht lichterloh brennen, sondern nur ein wenig glimmen. Wenn das Brenngut verbrannt ist, ist die Arbeit fertig. Wenn Du die Arbeit nach dem Säubern mit Speckschwarte abreibst, bekommt sie einen leichten Schimmer.

Erdofen

Interessante Ergebnisse erzielst Du, wenn Du einen einfachen Erdofen baust, in dem Du getrocknete, ungebrannte Tonarbeiten brennen und gleichzeitig schwärzen kannst. Schon der Bau des Erdofens macht sehr viel Spaß, Du erfährst dabei auch, welch einfache Mittel für die Verarbeitung von Ton ausreichen. Ich habe mit Kindern an der Kiellinie dieses Experiment gemacht. Du brauchst dazu etliche Schamottesteine, mehrere Eisenstangen von ca. 1 cm Durchmesser oder zwei kräftige Metallgitter (Fußabtreter). Zum Heizen ist hartes Holz notwendig, um hohe Temperaturen zu erreichen, z. B. Eiche, Buche…

Zuerst hebst Du mit dem Spaten, möglichst am ansteigenden Gelände, eine kleine Grube aus. Den Sand, die Erde und die Grassoden, die Du dabei ausgräbst, solltest Du vorsichtig aufbewahren.

△ Zunächst wird die Grube mit Schamotte-steinen ausgelegt.

Dann werden Eisen-stangen darübergelegt und mit Steinen abge-deckt.

Die Grube wird mit Schamottesteinen ausgelegt, sie vertragen hohe Temperaturen und halten die Wärme gut. Die beiden Seiten werden mit einer Reihe senkrecht stehender Schamottsteine ausgekleidet.

Auch hinten am ansteigenden Gelände kleidest Du die Grube mit einer Reihe Schamottesteinen aus, dabei mußt Du eine Öffnung für den Abzug einplanen. Laß dafür in der Mitte einfach einen Stein ausfallen. Vorne zum abfallenden Gelände hin bleibt die Grube zum Feuern offen (siehe Seite 28 oben).

Auf die Auskleidung werden Fußabtreter oder Eisenstangen gelegt und mit Steinen abgedeckt. Die Feuerkammer ist fertig. Achte darauf, daß das Abzugsloch nicht voll Sand fällt. Ein kleines Stück altes Rohr schützt davor (siehe Seite 28 unten).

Auf die Feuerkammer wird ein Kasten aus Schamottesteinen aufgebaut. Das wird die Brenngutkammer.

Der Kasten wird gefüllt mit getrockneten Tonarbeiten, dick eingebettet in Holzwolle, Papier, Späne oder ähnlichem.

Nachdem die Tonarbeiten eingesetzt worden sind, wird die Brenngutkammer, ebenso wie zuvor die Feuerkammer, abgedeckt. Dazu wird zunächst wieder ein Fußabtreter über die Brenngutkammer gelegt und dann mit Schamottesteinen belegt. Nun wird vorsichtig Sand und Erde über den Ofen gehoben. Wichtig dabei ist, daß das Zugloch und die Feuerungsöffnung am vorderen und hinteren Ende der Kammer nicht voll Erde fallen. Die Brenngutkammer wird zum Schluß noch mit den Grassoden, die Du beim Ausstechen der Grube aufgehoben hast, abgedeckt. Sie sorgen für eine gute Isolierung, so daß die Temperatur konstant gehalten werden kann.

Nun ganz langsam anheizen, fürs volle Heizen haben wir
mindestens 4 Stunden gebraucht. Dann haben wir mit
Sand den Abzug und das Feuerungsloch zugeschaufelt, um
die Temperatur möglichst lange zu halten. Am nächsten
Tag haben wir die Brenngutkammer freigeschaufelt und
vorsichtig geöffnet. Du mußt die Keramiken wegen der Hitze
im Scherben mit einer Zange oder wenigstens mit Hand-
schuhen herausnehmen..
Das Stroh ist verkohlt und hat eine interessante Färbung auf
der Oberfläche der Keramiken hinterlassen. Auch hier ist
nach dem Säubern ein Abreiben mit der Speckschwarte zu
empfehlen.

Im Rauch geschwärzte Schale

Engobierte Kachel

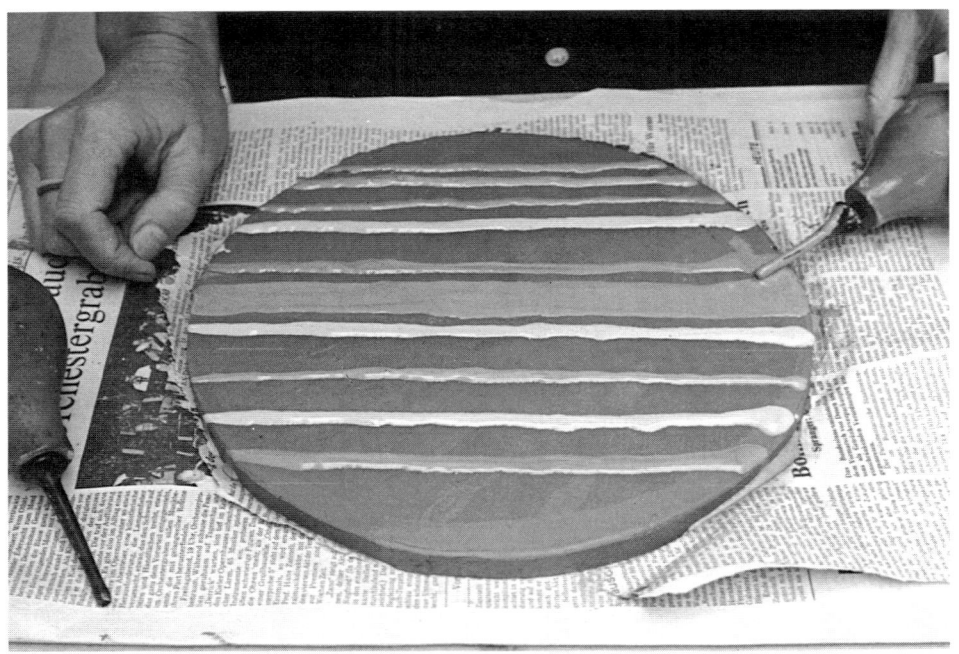

Engobe

Du brauchst eine Briefwaage oder besser eine Balkenwaage für das neue Kapitel: die Engobe.

Laut Keramik-Lexikon von Gustav Weiß (S. 89) ist die Engobe „... ein matter Überzug auf einer keramischen Masse zur Verbesserung der Oberfläche..." Sie wird aus aufgeschlämmtem Ton hergestellt und auf den noch feuchten oder lederharten Scherben aufgetragen. Die Engobe muß um so magerer sein, je später sie auf den angetrockneten Scherben aufgebracht wird, damit sie der Trockenschwindung des Werkstückes nachkommt. Dazu benutzt Du am besten etwas Quarzmehl (SiO_2) aus dem Fachhandel.

Wenn Du Deine Engobe mit färbenden Oxiden einfärbst, z. B. Eisenoxid, wird sie flüssiger. Das gleichst Du mit der $1\frac{1}{2}$fachen Menge Quarzmehl aus (siehe Seite 38).

Es gibt fertige farbige Engoben zu kaufen. Ich möchte Dir aber helfen, die Engobe selbst herzustellen; am besten wird sie aus der gleichen Tonmasse hergestellt, mit der Du immer schon gerne gearbeitet hast. Um etliche Farbvariationen zu bekommen, wäre es gut, aus einem weißen Ton die Engobe herzustellen. Ich habe den weißen schamottierten Welte-Ton KPR 22 verarbeitet und daraus eine Engobe gemacht. Anschließend habe ich mit der durchscheinenden Glasur KGM 36 glasiert, bei 1040° C gebrannt.

Am besten ist es, wenn
Du aus Deiner Tonmasse
eine Engobe herstellst,
dann bist Du sicher, daß
Scherben und Engobe
zueinanderpassen.
Weißen Ton bröckelst Du
in eine Schale.

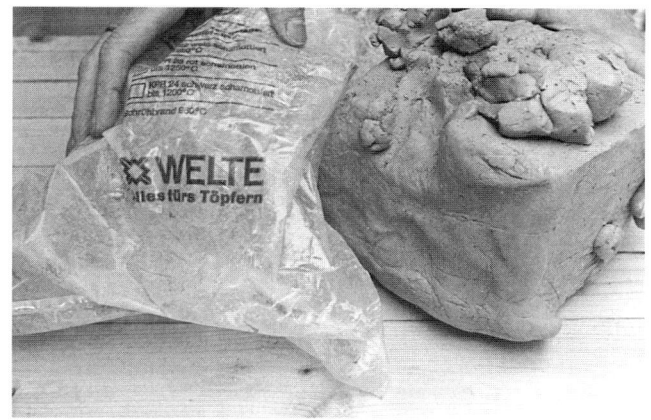

Mit reichlich Wasser
schlämmst Du den Ton
auf und verteilst ihn ein
wenig durch Rühren.

Das Wasser wird dann
trüb und milchig und
setzt sich nach einiger
Zeit ab, so daß Du das
jetzt klare Wasser gut
abschöpfen kannst.

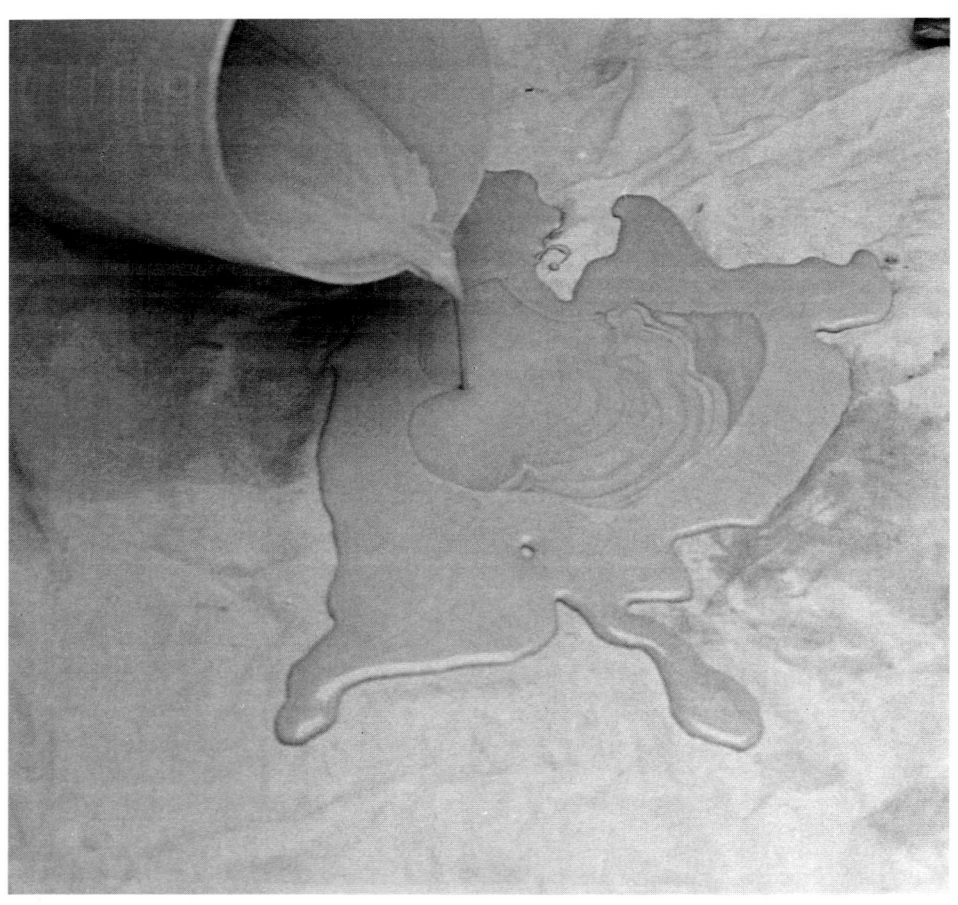

Diesen Vorgang mußt Du etliche Male wiederholen; gehe dabei sorgfältig vor: das Wasser-Ton-Gemisch umrühren, bis das Wasser milchig-trüb ist, absetzen lassen und dann das klare Wasser abschöpfen. Wenn genug Flüssigkeit abgeschöpft ist, bleibt zum Schluß in Deiner Schale eine sahnige, milchig-weiße Flüssigkeit zurück, die Du abschöpfen kannst. Es ist am besten, wenn Du diese Flüssigkeit auf ein Tuch gibst, auf dem Du sie trocknen läßt; trocken ist die Masse nach ungefähr zwei Tagen.
Bei allen Versuchen ist es wichtig, eine genaue Buchführung zu machen und zusätzlich jede einzelne Probe zu beschriften. Nichts einatmen!

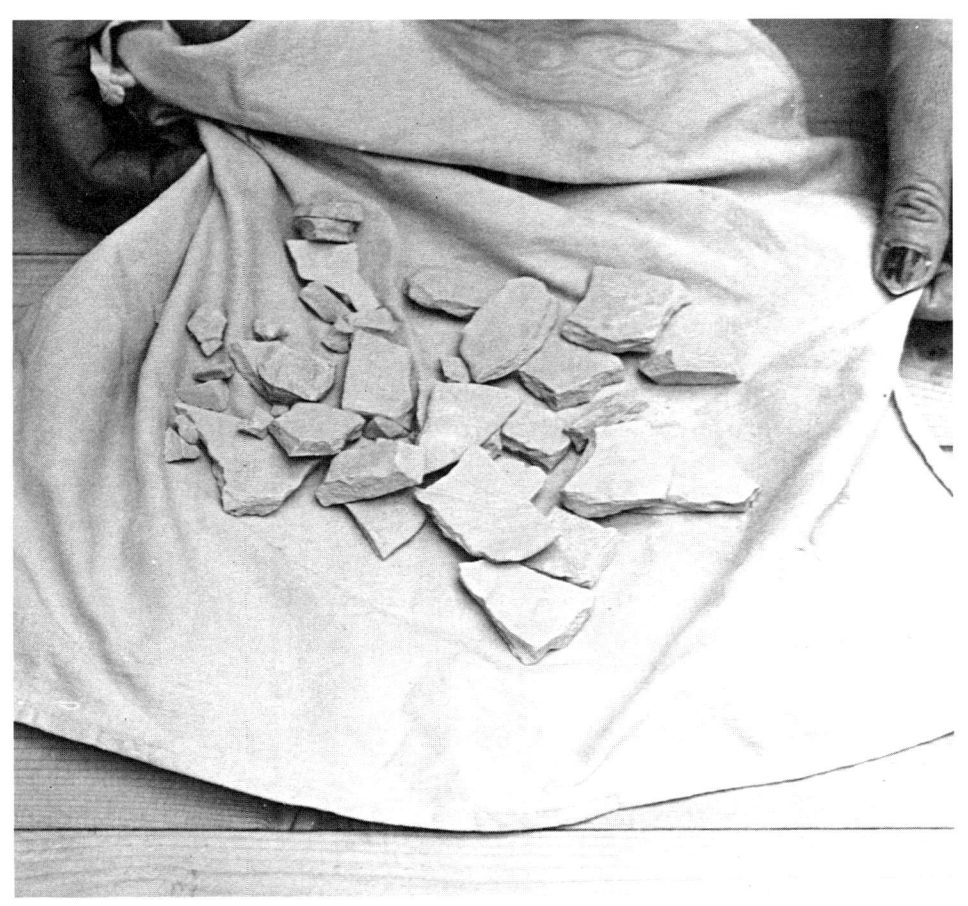

Die trockenen Engobestücke lassen sich jetzt leicht ab-
wiegen: Du brauchst zunächst 100 g weiße Engobe für die
Proben, denen Du Quarz zusetzt. Mache drei verschiedene
Versuche, wobei Du 1 %, 2 % und 3 % Quarz mit Engobe und
Wasser verrührst, bis die Flüssigkeit sahnig ist.
Auf lederharte Tonfladen trägst Du die Engoben auf und
brennst sie nach dem Trocknen im Glattbrand Deinem Mate-
rial entsprechend. Bei mir sind es 1040° C. Danach kontrol-
lierst Du die Proben und entscheidest Dich für die beste.
Nun hast Du *Dein* Rezept für *Deine* Engobe in Weiß zu
Deinem Scherben passend.
Um die weiße Engobe geschmeidiger zu machen, kann man
ihr 5 % Glyzerin zusetzen; sie läßt sich so leichter verarbeiten.
Zum Einfärben der Engobe habe ich färbende Oxide gewählt
(s. S. 38). Man kann auch fertig gekaufte Farbkörper zusetzen.

Versuche: 100 g Engobe + 1 g Kobaltkarbonat + 1,5 g Quarz = blaue Engobe. Die Flußwirkung der Oxide gleicht man mit der $1^1/_2$fachen Menge Quarz aus. Probiere: 1 %, 3 %, 5 % Farboxide in die weiße Engobe geben; Quarz nicht vergessen! Sei gespannt auf das Brennergebnis!

Beim Arbeiten mit Engobe lassen sich Flächen gut mit Wachs begrenzen. Kinder arbeiten gern damit. Es ist preiswert und effektvoll. Hier eine Fliese, mit Wachstropfen und brauner Engobe übersprüht.

Die fertige Welte-Engobe (flüssig) enthält in einem Glas ca. 550 g Engobemehl. Flüssige Engobe färbst Du am besten auch flüssig ein, indem Du die Oxide nach dem Abwiegen mit Wasser versetzt, in die Engobe gibst und zweimal durchseihst. Fertig!

38

Tonmassen

Du kannst Dir auch Deine eigene Tonmasse herstellen, auf Deine Bedürfnisse zugeschnitten. Wenn Du Ausdauer zum Kneten hast, lohnen sich auf jeden Fall ein paar Versuche. Dazu benötigst Du Tonmehl und Schamotte verschiedener Korngrößen. Das Tonmehl kannst Du auch später sowohl für Tonglasuren verwenden (eine preiswerte Möglichkeit, Glasuren herzustellen) als auch für Deine Engobe.
Schamotte in 4 verschiedenen Korngrößen genügen:
1. Filterstaub – zementfein   2. Schamotte 0 – 0,5
3. Schamotte 0 – 1   4. Schamotte 0 – 2
Ich habe mich für Tonmehl FTA aus der Fuchsschen Tongrube entschieden und Proben jeweils für 100 g gearbeitet. Auch hier kannst Du später deine Masse mit Oxiden einfärben. Bitte sauber arbeiten, Buchführung machen, genau beschriften und nichts einatmen!

Weiß engobierte Schale

Verschiedene Tonmassenproben

Zuerst wiegst Du Dir Proben des Tonmehls vorsichtig ab und gibst sie in Töpfchen, die Du beschriften kannst.
90 g / 80 g / 70 g / 60 g / 50 g; 5 Töpfchen, das genügt.

Wenn Du Aufbauton brauchst, wiegst Du Schamotte 0 – 1 und 0 – 2 ab.
Bei Drehton wäre Filterstaub zementfein und Schamotte 0 – 0,5 gut geeignet.

Die Schamotte – Korngrößen wiegst Du ab: je 10 g / 20 g / 30 g / 40 g / 50 g.
Entscheide dann, welche Korngröße für Dich geeignet ist.

Tonmehl und Schamotte verrührst Du miteinander. Versuche:

Tonmehl		Schamotte
90 g	+	10 g
80 g	+	20 g
70 g	+	30 g
60 g	+	40 g
50 g	+	50 g

Buchführung und Beschriftung nicht vergessen!

Die mit Wasser kremig gerührten Breihäufchen gibst Du wie bei der Engobe auf ein Tuch zum Trocknen. Jedes Häufchen auf dem Tuch beschriften. Es braucht gut einen Tag, bis der Brei knetbar ist. Beim Kneten spürst Du schon, welche Mischung für Dich die richtige ist.

Nun schneidest Du einen Tonfladen zurecht: 1 cm dick, 10 cm lang und 5 cm breit. Vergiß nicht, ihn zu beschriften! Nach dem Brennen messen, um die Schwindung festzustellen. Möchtest Du eine farbige Masse, z. B. blaue, dann gibst Du 5 % Kobaltkarbonat in die trockene Mischung.

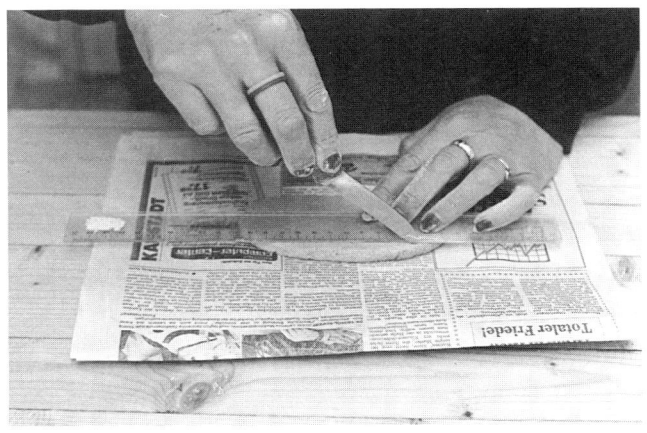

Tonarbeiten aus grob schamottiertem Ton

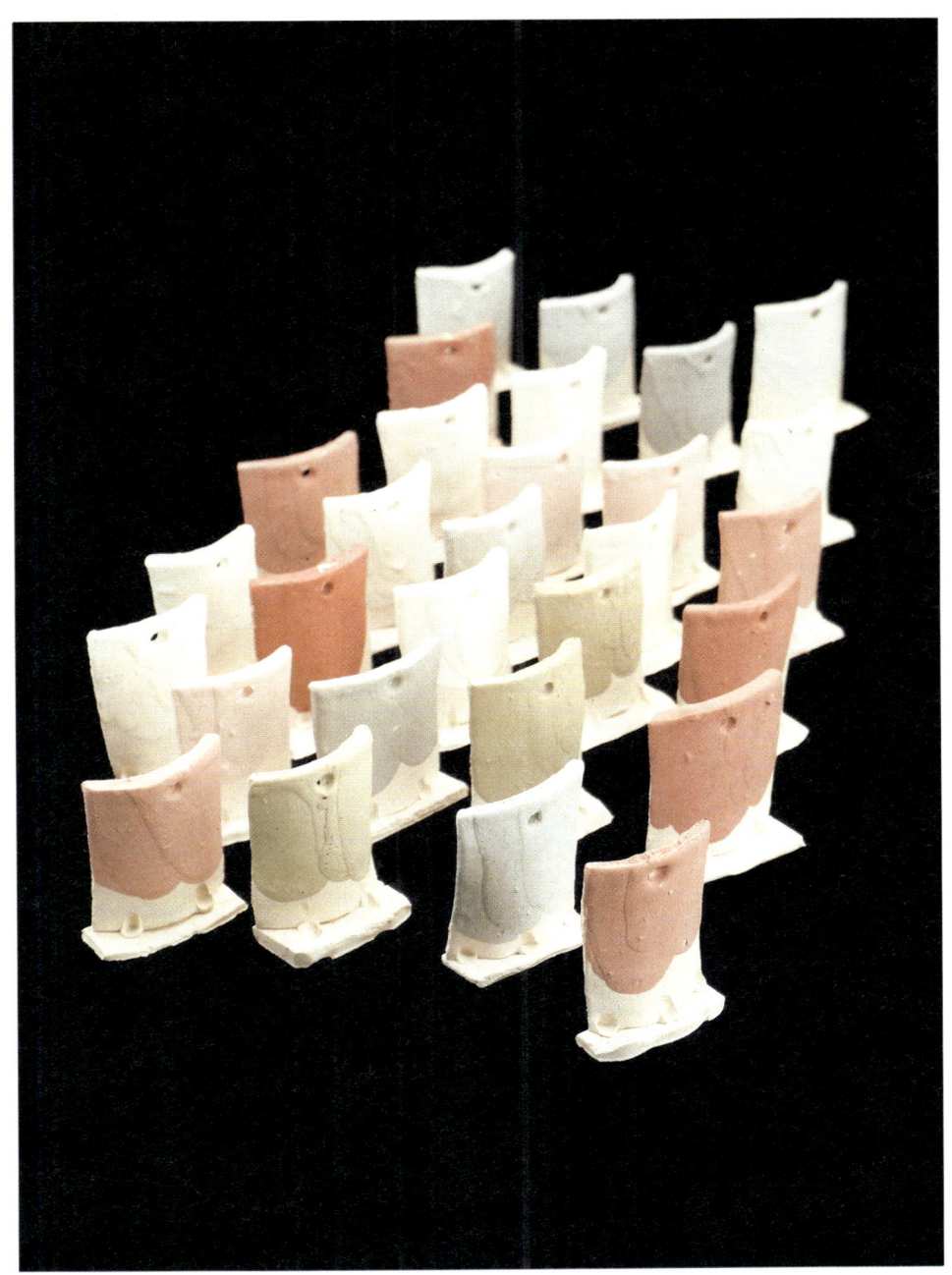

Glasurträger „Plättchen", ungebrannt

Glasurträger

Um Versuche mit Glasuren zu machen, brauchst Du Glasurträger, die Du aus Deiner Tonmasse anfertigst. Du klopfst ein Tonbrot rechteckig und schneidest es in $1/2$ – 1 cm starke Fladen. Dazu brauchst Du zwei Leisten und eine Drahtschlinge.

Fladen für Fladen ziehst Du vom Tonbrot ab und legst sie zum leichten Antrocknen zur Seite. Du brauchst für Deine Versuche viele Glasurträger.

Mit dem Messer schneidest Du alle Fladen in rechteckige Stücke.

Über das Nudelholz
rundest Du alle Glasur-
träger der Länge nach.
Damit sie im Ofen stehen
können, brauchen sie
Füßchen. Einige schnei-
dest Du darum in 3
gleiche Teile = 3 Füß-
chen.

Mit dem Modellierholz
kerbst Du vorn dreimal
und hinten in die Zwi-
schenräume zweimal
den Glasurträger am
Füßchen fest. Vorn hat
das Füßchen ein paar
Millimeter Überstand,
falls die Glasur läuft.

Dann bekommt der Gla-
surträger noch in der
Mitte ein Loch, damit Du
später einzelne Versuchs-
reihen zusammenbinden
kannst. Trocknen lassen!
Nun kommen die Glasur-
träger oder „Plättchen"
in den Vorbrand.

Glasieren

Wenn die Plättchen geschrüht sind, kann ich mit dem Glasieren beginnen. Ich begieße das Plättchen zuerst einmal mit Glasur. Dabei halte ich es am Fuß fest.

Ich achte darauf, daß die Glasur nicht ganz bis zum Fuß aufgetragen wird. Wenn der 1. Glasurauftrag angetrocknet ist (die Feuchtigkeitsspiegelung wird matt), kann ich den 2. Auftrag machen, indem ich nur $2/3$ des Plättchens übergieße.

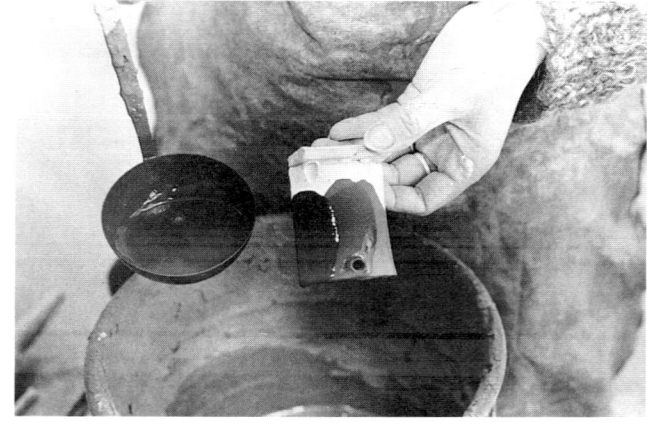

Wenn die Feuchtigkeitsspiegelung des zweiten Auftrags matt ist, mache ich den dritten Glasurauftrag, der dann nur das letzte Drittel des Plättchens bedecken darf. So kann ich gut erkennen, wie sich meine Glasur – dick oder dünn aufgetragen – verhält.

Gebrannte, eingefärbte Glasurplättchen, gearbeitet nach einer Idee von Erwin Dose

Fertigglasuren einfärben

Bisher haben wir mit besonders preiswerten Materialien Oberflächen gestaltet. Manchmal rundet das Auftragen einer transparenten Glasur Deine Keramik jedoch in besonderer Weise ab; achte dann darauf, möglichst bleifreie Produkte zu verwenden. Neben der Verwendung selbst hergestellter Engoben kannst Du natürlich auch jederzeit auf das vielfältige Angebot an fertigen Tonmassen zurückgreifen.

Im folgenden behandle ich nun die Glasuren; es gibt wunderschöne zu kaufen, die Du individuell abwandeln kannst. Der Anfang ist einfach: Eine (bleifreie) *weiße* Fertigglasur mit färbenden Oxiden abtönen. Wenn Du schon eine positive Erfahrung mit einer weißen Glasur gemacht hast, kannst Du diese selbstverständlich als Grundlage für Deine Versuchsreihe benutzen. Ich habe zwei Welte-Glasuren erfolgreich ausprobiert: KGG 12 – 1040° C und KGS 3 – 1250° C.

Die Fertigglasur wiegst Du für jede Probe 30 g-weise ab und gibst sie in einen Becher.

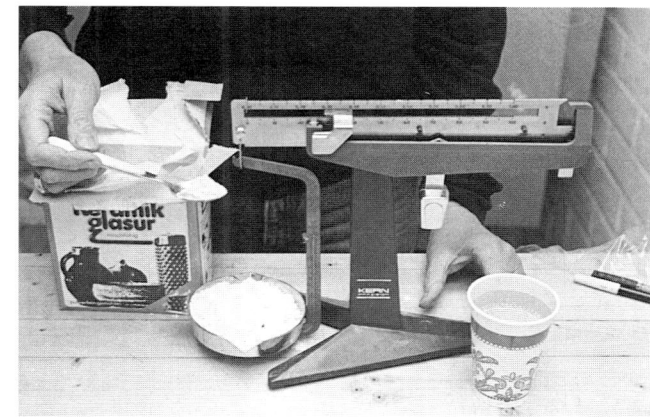

Die Farboxide schüttest Du dazu:
Glasur + 1 % Eisenoxid
Glasur + 3 % Eisenoxid
Glasur + 5 % Eisenoxid
Glasur + 1 % Cromoxid
Glasur + 1 % Nickeloxid
Glasur + 3 % Nickeloxid
Glasur + 1 % Manganox.
Glasur + 3 % Manganox.
Glasur + 1 % Kupferoxid
Glasur + 3 % Kupferoxid
Glasur + 0,5 % Kobaltka.
Glasur + 1 % Kobaltkarb.

Jeder Becher wird sorgfältig beschriftet. Aufzeichnungen machen, damit Du nichts vergißt. Du kannst natürlich auch Farbkörper verwenden, mir sind sie zu teuer, deshalb benutze ich Oxide. Farbkörper sind Partikelchen, die schon gebrannt und in der Kugelmühle fein gemahlen wurden.

Die Glasur siebe ich zweimal trocken, damit sich die Oxide gut verteilen können. Mit einem Löffel rühre ich Glasur und Wasser im Becher zu einer sämigen, sahnigen Mischung.

Jetzt gebe ich die flüssige Glasur zweimal durch ein feinmaschiges Sieb (Welte-Sieb KW 28), dann bin ich sicher, daß sich die Oxide wirklich gut verteilt haben.

Nun begieße ich die vorgeschrühten Plättchen, wie auf S. 48 beschrieben, mit der Glasur.

Bodenvase mit Tonglasur, Höhe 85 cm

Die Plättchen werden sauber abgewischt und genau beschriftet, wie auf den Bechern. Im Fachhandel bekommst Du fürs genaue Brennen Segerkegel, für jede Temperatur einen ganz bestimmten. Mache Brennversuche mit Deiner Glasur. Wichtig!

Die Plättchen mit den Segerkegeln brennen. Wichtig ist die korrekte Brandführung. Durch Segerkegel stellst Du fest, wo Temperaturunterschiede in Deinem Ofen sind. Damit Glasuren immer gleichmäßig ausschmelzen, ist auch das Halten der Endtemperatur wichtig, z. B. $\frac{1}{4}$ oder $\frac{1}{2}$ Std.

Beurteile nach dem Brand Deine Proben und mache Dir Notizen dazu. Einige Glasurproben neigen sicherlich zum Fließen. Beim Herstellen der Engoben hast Du schon gelernt, daß das Fließen aufgehoben wird durch das Zusetzen von Quarz (SiO_3), z. B. 30 g Glasur + 1% Oxide + 1,5 % Quarz.

Tonglasuren

Preiswerte Glasuren sind Ton- und Lehmglasuren. Ton oder Lehm findest Du dort, wo Huflattich wächst. Du mußt den Lehm aufschlämmen, trocknen und zerkleinern, fertig ist die Grundsubstanz. Versuche bei Temperaturen unter 1200° C, $\frac{1}{2}$ Teil Lehm, 1 Teil Pottasche!

Ich habe mir Kalkspat gekauft und farbverschiedene Tonmehle und meine Versuche bei 1280° C gebrannt. Du mußt Deiner Brennhöhe entsprechend die Versuche machen.

Versuchsreihe:
Tonmehl + 10 % Kalkspat
Tonmehl + 20 % Kalkspat
Tonmehl + 30 % Kalkspat
Tonmehl + 40 % Kalkspat
Tonmehl + 50 % Kalkspat

Wenn Du eine farbige Glasur möchtest, ist das im Tonmehl enthaltene färbende Oxid von Vorteil und auch ausschlaggebend. Du verfährst mit den Versuchen wie vorher; sieben, auftragen, brennen, beurteilen und Notizen machen!

Tonglasuren – Grundstoffe und gebrannte Probeplättchen

Muschelschalen, Muschelkalk und gebrannte Probeplättchen

Glasur aus Muschel- und Eierschalen

Den glasartigen Überzug auf der Keramik nennt man Glasur. Es gibt eine unüberschaubare Menge von Glasuren. Ich möchte Dir hier nur die ersten Schritte erklären und preiswerte Möglichkeiten aufzeigen.

Für jede Glasur gibt es eine Formel, die sogenannte Segerformel, die in Mol angegeben wird. (Näheres darüber in Werner Lehnhäuser „Glasuren und ihre Farben".)

Die Glasurgrundformel meiner Muschelglasur für (Segerkegel 9) 1280° C ist:

$0,3$ Mol K_2O + $0,7$ Mol CaO + $0,4$ Al_2O_3 + 4 SiO_2

in Gramm umgerechnet ergibt dies:

Kalifeldspat (K_2O) 13,08 g + Kaolin (Al_2O_3) 2,02 g + Muschelkalk (CaO) 5,49 g + Quarz (SiO_2) 9,41 g.

Die Muscheln für den Muschelkalk habe ich am Strand gesammelt, im Mörser zerkleinert und kalziniert. Da ich die Zusammensetzung der Muscheln nicht genau kenne, muß ich mehrere Versuche machen, denn unterschiedliche Muscheln ergeben unterschiedliche Ergebnisse.

Arbeite wie vorher: abwiegen, trocken sieben, wässern, sieben, auftragen, beschriften, brennen, beurteilen, Notizen machen. Sei vorsichtig, in den Naturmaterialien sind viele schädliche Stoffe enthalten; so enthalten Muscheln z. B. das Schwermetall Cadmium.

Die gleichen Proben mache ich mit Eierschalen = Kalk. Dazu zerkleinere ich die trockenen Schalen in der Kaffeemühle.

Natürlich kannst Du sie auch kalzinieren. Ich habe darauf verzichtet, um Dir die unterschiedlichen Ergebnisse deutlicher zu machen. Hier kalzinierter Muschelkalk – hier zermahlene Eierschale (weiß). Du kannst auch braune Eierschalen ausprobieren.

Wenn Dir eine der Glasurproben zusagt, kannst Du Versuche mit Einfärbungen machen.

Eierschalen und gebrannte Probetöpfchen

Holz und Asche

Ascheglasur

Brenne einfach einmal Asche mit. Siebe sie trocken, um so die groben Teile von den feinen zu trennen. Mit Wasser werden die feinen Teile sämig gerührt und auf den Scherben gegeben. Nach dem Brennen wirst Du feststellen, ob Deine Asche gesintert ist.

Es sind alle Stoffe in Asche enthalten, die Du für eine Glasur brauchst. Die besten Ergebnisse erhältst Du, wenn Du nur eine bestimmte Holzsorte verbrennst. Diese Asche wäschst Du viele Male und siebst sie durch. Die feinsten Rückstände werden getrocknet. (Für eine Werkstattarbeit benötigst Du ca. 5 kg.)

Dieses Aschemehl nun ist die Grundlage für Deine Glasur: 40 g Holzasche, 40 g Feldspat, 20 g Tonerde. Ich habe bei Segerkegel 9, 1280° C gebrannt und ein interessantes Ergebnis erzielt. Wenn Du unter 1280° C brennst, brauchst Du einen Teil Asche und einen Teil Feldspat.

Literaturverzeichnis

Mir haben zwei Bücher als Quellen gedient:

Werner Lehnhäuser: „Glasuren und ihre Farben", Wilhelm Knapp Verlag, 4. Aufl. 1985

Gustav Weiß: „Keramik-Lexikon", Ullstein 1984

Die Bücher, auf die ich mich außerdem beziehe, sind im Otto Maier Verlag in der Reihe „Hobbykurse" erschienen:

Tina Schwichtenberg: „Tiere modellieren", 1982

Tina Schwichtenberg: „Schalen, Töpfe, Krüge", 1984

Tina Schwichtenberg: „Geschirr töpfern", 1984

Das Buch „Töpfern mit Tina Nr. 1" ist im Selbstverlag erschienen. Meine Adresse lautet:

Tina Schwichtenberg
Kurallee 31
2300 Kiel-Schilksee

Ravensburger®

HOBBYKURSE

**geben
Schritt-für-Schritt
Anleitungen
zu interessanten
Hobbytechniken**

alles für die

Töpferwerkstatt

**Maschinen, Öfen, Tone,
Rohstoffe, Werkzeuge,
Glasuren, Engoben,
Hilfsmittel**

CARL JÄGER KG
5411 HILGERT
Tel. (0 26 24) 40 28

Rohstoffe,
Fertigmassen, Glasuren,
Farben, Werkzeuge,
Töpferscheiben,
Brennöfen.

*In allen Fragen des Töpferns
beraten wir oder der
Welte-Fachhändler in Ihrer
Nähe Sie gern.*

5030 Hürth-Hermülheim
Max-Planck-Straße 7
Tel. 0 22 33 / 7 50 05